AF204836

Mitglied der Verlagsgruppe „engagement"

Aktualisierte Neuauflage
© 2025 Verlagsanstalt Tyrolia, Innsbruck
Exlgasse 20, A–6020 Innsbruck
Titelbild: Rolf und Marga Kauselmann
Umschlaggestaltung und Layout: Tyrolia-Verlag, Innsbruck
Druck und Bindung: L.E.G.O., Vicenza (I)
ISBN 978-3-7022-4262-6
E-Mail: buchverlag@tyrolia.at
Internet: www.tyrolia-verlag.at

GERNOT CANDOLINI

IM LABYRINTH

DIE MITTE FINDEN

TYROLIA-VERLAG • INNSBRUCK–WIEN

Ich stehe **vor dem ersten Schritt**
eines langen Weges.
Dieser Schritt wird mich
in ein Labyrinth führen.
Werde ich darin verloren gehen?
Werde ich es schaffen?

Das Labyrinth

stellt nicht die Frage:

Gehst du **falsch**

oder gehst du **richtig**?

Es stellt die Frage:

Gehst du oder

gehst du nicht?

Wer die Wendung nicht scheut,
findet **die Mitte**.

Zwei Wünsche unserer Zeit
erfüllt das Labyrinth nicht:
Es geht **nicht schnell**
und es ist **nicht einfach**.

Jede **Krise** stellt die Frage:

„Was willst du wirklich?"

Wer für **Umwege** keine Zeit hat,

eilt leicht am Ziel vorbei,

ohne es zu erkennen.

Einen Weg mit anderen zu gehen,
gibt **Kraft** und **Mut**.
Dennoch muss jeder seinen eigenen,
unverwechselbaren Weg gehen,
verbunden mit anderen,
aber auch allein.

Der **äußerste** Weg

ist immer der **längste**.

Wer bereit ist zu **lernen**,
für den verwandeln sich
Fehler in **Verständnis**
und Irrtümer in **Weisheit**.

„Falsch oder richtig?"

ist die ständige Frage der Welt.

„Bleibe nicht stehen!"

ist die Antwort des Labyrinths.

Das Leben ist ein Pilgerweg
und ein **Tanzplatz**.
Seine Schritte heißen:
loslassen und empfangen,
Demut und Freude.

Wer den Faden seines Herzens
an die Mitte bindet,
wird sich auch von der Länge des
Weges **nicht beirren** lassen.

Die Mitte

ist ein geheimnisvoller Ort.

Sie umarmt,

gibt Geborgenheit,

öffnet den Himmel

und die Türen nach innen.

Der Weg hat mich ausgelaugt.

Ich spüre, wie viel ich geben musste.

Aber nun sind Mühseligkeiten

und Anstrengungen vergessen.

Ich **schöpfe** aus der **Quelle**

und feiere die Ankunft.

Das Leben ist ein beständiges Gehen
im Labyrinth:
ankommen und **aufbrechen**,
zur Mitte finden und sie wieder verlassen.
Sich wenden müssen
und doch immer weiterkommen.

Auch wenn das Einzelne
noch so verwirrend ist,
auch wenn das Herz
sich zeitweilig noch so verloren fühlt:
Wenn alles ausgeschritten ist,
ist die Schönheit und Vollkommenheit
des Weges **staunenswert**.

Das Leben lädt ein,

sich auf den Weg zu machen:

ohne Angst einen Fuß

vor den anderen zu setzen

und gelassen immer weiterzugehen.

Der Weg zur Mitte
ist der Weg zur Kraft.
Der Weg aus der Mitte
ist der Weg zur Liebe.

Am Ende des Weges

liegt ein **Lächeln**.

BILD- UND TEXTNACHWEIS

gemeinde Chesterfield (GB), die bei ihm anfragte, ob er mit 7000 Tonnen Aushubmaterial etwas Sinnvolles machen könne.

Seite 37: Kinder lieben Labyrinthe und gehen oft mit höchster Aufmerksamkeit. Dieses Labyrinth befindet sich vor der Volksschule Amras in Innsbruck (A).

Seite 39: Ein wunderschöner Nachbau des Chartreslabyrinths in der Christ the King Lutheran Church in Torrance (USA).

Seite 41: Nicht alles lässt sich mit Worten beschreiben. Dazu gehört für mich auch das, was in und hinter dem Lächeln des Engels am Westportal der Kathedrale von Reims (F) liegt.

Nachsatz: Im Buschland Namibias haben die Farmer der Weissenfelsfarm ein eindrucksvolles Labyrinth nach der Vorlage von Chartres gelegt.

Alle Texte wurden von Gernot Candolini verfasst.

Alle Fotos © Gernot Candolini außer dem **Titelbild**: Rolf und Marga Kauselmann, **Seite 7**: Annette Reynolds (USA), **Seiten 11 und 32**: Jim Buchanan (GB), **Seite 23**: Kurbad AG Bad Tatzmannsdorf, **Seite 39**: Georgina Lofty (USA).

Weitere Informationen zum Thema Labyrinth: www.labyrinth.at und www.labyrinthe.at